In Rohdes Heuerhaus scheint die Zeit stehen geblieben zu sein. Jeder Winkel dieses Hauses, dessen ältester Teil von 1627 stammt, atmet Geschichte und Gemütlichkeit.

Lisa Ayecke
Mit Fotografien von
Tabea Kock

Weihnachtliches BACKEN mit den Landfrauen

Bassermann

Vorwort

In unseren ländlichen Gegenden leben die Backtraditionen der Weihnachtszeit auch heute noch unvermindert fort. Große Mengen Backwerk werden für Familie und Gäste vorbereitet. Neben klassischen Plätzchen und Stollen haben auch weihnachtliche Kuchen und Torten Einzug in die Backstuben gehalten. Sie machen häufig weniger Arbeit als aufwendiges Kleingebäck und wirken auf dem adventlichen Kaffee- oder Teetisch ganz besonders festlich.

Saftiger Rotweinkuchen

Die Eier trennen. Die Butter mit dem Zucker schaumig rühren. Die Eigelbe nach und nach einarbeiten. Mehl mit Zimt, Kakao, Vanillezucker, Backpulver und Mandeln mischen und portionsweise in den Teig rühren. Den Rotwein zufügen. Eiweiße zu Schnee schlagen und zum Schluss mit den Schokoraspeln unterheben.
Den Teig in eine vorbereitete Guglhupf- oder Rodonform füllen und im auf 175 °C vorgeheizten Backofen ca. 70 Minuten backen. Herausnehmen, abkühlen lassen und mit Puderzucker bestäuben.

Tipp:

Rotweinkuchen ist auch nach einigen Tagen noch saftig und schmeckt vielleicht gut durchgezogen sogar noch etwas besser.

Für den Rührteig:
6 Eier
300 g weiche Butter
300 g Zucker
300 g Mehl
2 TL Zimt
1 TL Kakao
2 Päckchen Vanillezucker
1 ½ Päckchen Backpulver
100 g gehackte Mandeln
¼ l Rotwein
150 g dunkle Schokoraspel

Außerdem:
Puderzucker zum Bestäuben

Mini-Nussecken

Die Zutaten für den Teig schnell zu einem glatten Teig verkneten, in Klarsichtfolie wickeln und für 30 Minuten kalt stellen. Danach ½ Zentimeter dick ausrollen und ein vorbereitetes Backblech damit auslegen. Den Teigboden mit einer Gabel mehrfach einstechen und im auf 175 °C vorgeheizten Backofen 12–15 Minuten backen. Herausnehmen und mit der Aprikosenkonfitüre bestreichen. Für den Belag Butter, Zucker und Nüsse mit 2 Esslöffeln Wasser in einen kleinen Topf geben und unter Rühren aufkochen lassen. Vom Herd nehmen und sofort auf der Aprikosenkonfitüre verteilen. Weitere 25 Minuten bei gleicher Temperatur backen. Herausnehmen und sofort mit einem scharfen Messer in Quadrate von ca. 8 Zentimetern Kantenlänge schneiden, dann durch diagonale Schnitte in Dreiecke teilen. Auf dem Blech abkühlen lassen.
Kuvertüre über einem heißen Wasserbad schmelzen und die spitzen Ecken der Nussecken damit bestreichen. Die Schokolade fest werden lassen, bevor die Nussecken in Dosen verstaut werden.

Für den Teig:
125 g Zucker
250 g kalte Butter
375 g Mehl
1 Prise Salz

Für den Belag:
150 g Butter
150 g Zucker
150 g gemahlene Haselnüsse
150 g gehackte Haselnüsse

Außerdem:
150 g Aprikosenkonfitüre
dunkle Kuvertüre zum Bestreichen

Tipp:

Für die doppelte Menge den Teig in einem Arbeitsgang vorbereiten und dann halbieren. Die Nussmasse muss für jedes Blech einzeln hergestellt werden, da sie sonst zu fest wird und sich nicht mehr streichen lässt.

Haselnussplätzchen

Für den Teig:
250 g Mehl
1 TL Backpulver
150 g Zucker
100 g kalte Butter
200 g gemahlene Haselnüsse
1 Päckchen Vanillezucker
3 Tropfen Bittermandel-Aroma
4 EL Milch

Außerdem:
Milch zum Bestreichen
halbierte Haselnüsse zum Verzieren

Alle Zutaten für den Teig gründlich miteinander verkneten. Dann zu Rollen mit 3–4 Zentimetern Durchmesser formen, in Klarsichtfolie wickeln und für 30 Minuten ins Tiefkühlfach legen. Danach in ca. 3 Millimeter dicke Scheiben schneiden und auf ein vorbereitetes Backblech legen. Die Plätzchen mit Milch bestreichen und mit je 1 halbierten Haselnuss verzieren. Im auf 175 °C vorgeheizten Backofen 10–15 Minuten backen. Herausnehmen und abkühlen lassen.

Tipp:

Gut zu wissen für Allergiker: Diese Plätzchen enthalten kein Ei!

Bratapfeltorte

Für die Füllung die Rosinen in ein Sieb geben, waschen und abtropfen lassen. Dann mit Rum und Mandeln vermischen.
Die Zutaten für den Teig zu einem glatten Teig verkneten, in Klarsichtfolie wickeln und für 30 Minuten kalt stellen. Zwei Drittel des Teiges rund ausrollen und den Boden einer vorbereiteten Springform von 28 Zentimetern Durchmesser damit auslegen. Den restlichen Teig zu einem Streifen ausrollen und den Rand der Springform damit verkleiden.
Die Äpfel schälen und das Kerngehäuse mit einem Apfelausstecher entfernen. Die Früchte in der Form verteilen und mit der Rosinenmischung füllen. Die Öffnungen jeweils mit etwas Marzipanrohmasse verschließen. Aus Puddingpulver, Sahne, Vanillezucker und Zucker nach Packungsanweisung einen Pudding kochen und heiß über die Äpfel gießen. Die Torte im auf 160 °C vorgeheizten Backofen ca. 75 Minuten backen.
Kurz vor Ende der Backzeit mit gehobelten Mandeln bestreuen. Den Kuchen vor dem Anschneiden gut auskühlen lassen, am besten über Nacht. Vor dem Servieren mit Puderzucker bestäuben.

Für den Mürbeteig:
250 g Mehl
100 g Zucker
½ Päckchen Backpulver
1 Ei
150 g Butter

Für die Füllung:
50 g Rosinen
2 EL Rum
2 EL gehackte Mandeln
13 kleine Äpfel
ca. 50 g Marzipanrohmasse
1 Päckchen Vanille-Puddingpulver
750 ml Sahne
1 Päckchen Vanillezucker
125 g Zucker

Außerdem:
2 EL gehobelte Mandeln zum Bestreuen
Puderzucker zum Bestäuben

Norddeutscher Christstollen

Für den Quarkteig:
375 g Mehl
125 g Instant Haferflocken
1 Päckchen Backpulver
175 g Zucker
1 Päckchen Vanillezucker
1 Prise Salz
5 Tropfen Bittermandel-Aroma
2 EL Rum
2 Eier
175 g kalte Butter
100 g Zitronat
250 g Magerquark
125 g Korinthen
250 g Rosinen
150 g gemahlene Mandeln

Außerdem:
100 g flüssige Butter
zum Bestreichen
150 g Puderzucker
zum Bestäuben

Für den Teig Mehl, Haferflocken und Backpulver mischen und auf die Arbeitsfläche häufen. In die Mitte eine Vertiefung drücken. Zucker, Vanillezucker, Salz, Aroma, Rum und Eier hineingeben und mit einem Teil der Mehlmischung verrühren. Die Butter in Stücke schneiden und auf den Rand setzen. Das Zitronat fein hacken. Mit Quark, Korinthen, Rosinen und Mandeln zufügen. Alle Zutaten zu einem glatten Teig kneten. Den Teig zu einem großen Oval formen und dieses zur Stollenform zusammenschlagen. Auf ein vorbereitetes Blech legen und im auf 180 °C vorgeheizten Ofen in ca. 60 Minuten goldgelb backen. Herausnehmen und noch warm mit flüssiger Butter bestreichen und mit Puderzucker bestäuben.

Spitzbuben und Butterplätzchen

Für den Teig:
500 g Mehl
2 TL Backpulver
250 g kalte Butter
150 g Zucker
2 Eier

Außerdem:
1 Glas Johannisbeergelee
Puderzucker zum Bestäuben

Das Mehl mit dem Backpulver mischen und mit Butter, Zucker und Eiern zu einem glatten Teig verkneten. In Klarsichtfolie wickeln und für 30 Minuten kalt stellen. Dann den Teig auf der Arbeitsfläche 3 Millimeter dick ausrollen.
Für Spitzbuben runde Formen mit gewelltem Rand ausstechen. Aus der Hälfte der Menge außerdem kleine Kreise ausstechen. Die Plätzchen auf ein vorbereitetes Backblech legen und im auf 180 °C vorgeheizten Ofen 10–12 Minuten backen. Herausnehmen und abkühlen lassen. Dann die vollen Plätzchen dick mit Johannisbeergelee bestreichen und ein Plätzchen mit Loch daraufsetzen. Auf Backpapier legen und mit Puderzucker bestäuben.
Für Butterplätzchen weihnachtliche Formen aus dem Teig ausstechen, wie oben backen, abkühlen lassen und ggf. mit Zitronenguss (siehe Tipp) bestreichen.

Tipp:

Für Zitronenguss den Saft von ½ Zitrone mit so viel Puderzucker verrühren, dass eine dickflüssige Masse entsteht. Aus dem gleichen Teig lassen sich auch die Doppeldecker von S. 20 herstellen.

Rot-weiße Doppeldecker

Für den Teig:
500 g Mehl
2 TL Backpulver
250 g kalte Butter
150 g Zucker
2 Eier

Außerdem:
1 Glas Johannisbeergelee
1 EL Zitronensaft
ca. 100 g Puderzucker

Das Mehl mit dem Backpulver mischen und mit Butter, Zucker und Eiern zu einem glatten Teig verkneten. In Klarsichtfolie wickeln und für 30 Minuten kalt stellen. Dann den Teig auf der Arbeitsfläche 3 Millimeter dick ausrollen.
Runde Plätzchen ausstechen, auf ein vorbereitetes Backblech legen und im auf 180 °C vorgeheizten Ofen 10–12 Minuten backen. Herausnehmen und abkühlen lassen. Je 2 Plätzchen mit Johannisbeergelee zusammensetzen.
Aus Zitronensaft und der Hälfte des Puderzuckers einen weißen und aus 1 Esslöffel Johannisbeergelee und der anderen Hälfte des Puderzuckers einen roten Zuckerguss herstellen. Die Doppeldecker je zur Hälfte mit beiden bestreichen. Trocknen lassen.

Tipp:

Die Mengen für Saft, Gelee und Puderzucker können variieren. Rühren Sie einfach so lange Puderzucker in den Guss, bis eine streichfähige Masse entstanden ist.

Kokosmakronen

Für die Makronenmasse:
3 Eiweiß
200 g Puderzucker
200 g Kokosflocken

Die Eiweiße zu steifem Schnee schlagen. Den Puderzucker esslöffelweise zugeben, dabei ständig weiterschlagen. Die Kokosflocken vorsichtig unterheben. Mithilfe von zwei Teelöffeln kleine Häufchen von der Masse auf ein vorbereitetes Backblech setzen. Im auf 150 °C vorgeheizten Backofen in 15–20 Minuten hell backen. Die Makronen sollen innen noch etwas weich sein.

Tipp:

Auf dieselbe Weise können Sie auch Mandel- oder Haselnussmakronen backen. Dafür einfach die Kokosflocken durch die gleiche Menge gemahlene Mandeln oder Haselnüsse ersetzen. Für eine schokoladige Variante hacken Sie 100 Gramm dunkle Kuvertüre und mischen diese zusätzlich in die Eischneemasse.
Die verbliebenen Eigelbe können Sie z. B. in Spritzgebäck (Rezept S. 27) verarbeiten.

Lebkuchensterne

Für den Teig:
1250 g Mehl
abgeriebene Schale von
3 unbehandelten Zitronen
70–80 g Pfefferkuchengewürz
450 g Zucker
450 g Butter
450 g Honig
2 EL Milch
2 Eier
18 g Pottasche
9 g Hirschhornsalz
¼ Tasse lauwarmes Wasser

2 Tage vor dem Backen den Teig zubereiten. Dafür Mehl, Zitronenschale und Pfefferkuchengewürz in einer großen Schüssel mischen. Zucker, Butter, Honig und Milch zusammen in einen Topf geben und unter Rühren erhitzen. Abkühlen lassen und zur Mehlmischung geben. Die Eier zufügen und alles gut miteinander verrühren. Pottasche und Hirschhornsalz im lauwarmen Wasser verrühren und zum Teig geben. Dann so lange kneten, bis er glänzt. Den Teig abgedeckt für 2 Tage an einem kühlen Ort ruhen lassen. Danach ca. 5 Millimeter dick ausrollen, Sterne ausstechen und auf ein vorbereitetes Backblech legen. Die Plätzchen im auf 175 °C vorgeheizten Backofen 12–15 Minuten backen.

Tipp:

Die Lebkuchensterne können beliebig mit Kuvertüre, Zuckerguss (Rezept S. 18), Mandeln oder bunten Streuseln verziert werden.

Traditionelles Spritzgebäck

Für den Teig die Butter mit Zucker und Vanillezucker schaumig rühren. Die Eigelbe einzeln zugeben. Mehl mit Backpulver mischen und nach und nach unterrühren. Den Teig in einen Spritzbeutel mit großer Sterntülle oder in eine spezielle Spritzgebäckpresse mit beliebigem Aufsatz füllen. Etwa 8 Zentimeter lange Streifen oder S-Formen auf ein vorbereitetes Backblech spritzen und im auf 180 °C vorgeheizten Backofen 12–15 Minuten backen. Herausnehmen und abkühlen lassen.

Für den Teig:
250 g weiche Butter
250 g Zucker
2 Päckchen Vanillezucker
3 Eigelb
500 g Mehl
2 TL Backpulver

Tipp:

Wer mag, kann die Plätzchen je zur Hälfte mit geschmolzener Kuvertüre bestreichen. Die verbliebenen Eiweiße können wunderbar für Kokosmakronen (Rezept S. 23) verwendet werden.

Glühweinkuchen mit Schokoguss

Für den Teig Butter und Zucker schaumig rühren. Die Eier nacheinander zugeben. Das Mehl mit Backpulver, Kakao und Lebkuchengewürz mischen und nach und nach unterrühren. Zum Schluss gehackte Mandeln, geriebene Schokolade und den Glühwein unterheben.
Den Teig in eine vorbereitete eckige Form von ca. 20 x 30 Zentimetern geben und im auf 175 °C vorgeheizten Backofen 25–30 Minuten backen. Herausnehmen, stürzen und auf einem Kuchengitter abkühlen lassen.
Die Kuvertüre über einem heißen Wasserbad schmelzen und den Kuchen rundum damit bestreichen. Die Seitenflächen mit gehobelten Mandeln verzieren, solange die Schokolade noch weich ist. Puderzucker mit Glühwein verrühren und den rosafarbenen Zuckerguss mithilfe eines Spritzbeutels in dekorativen Linien über den Kuchen ziehen.

Für den Rührteig:
200 g weiche Butter
180 g Zucker
4 Eier
200 g Mehl
1 Päckchen Backpulver
1 TL Kakao
1 TL Lebkuchengewürz
150 g gehackte Mandeln
100 g Zartbitterschokolade, gerieben
200 ml Glühwein

Außerdem:
250 g dunkle Kuvertüre
60 g Puderzucker
1 ½ EL Glühwein
gehobelte Mandeln zum Verzieren

Haselnusstaler mit Kakaorand

Für den Teig das Mehl mit der klein geschnittenen Butter, den Nüssen, Zucker, Vanillezucker, Ei und Salz gut verkneten. Rollen von ca. 3 Zentimetern Durchmesser formen und in dem Kakaopulver wälzen. Dann in Klarsichtfolie wickeln und für 2–3 Stunden kalt stellen. Danach die Rollen in ca. 5–8 Millimeter dicke Scheiben schneiden und auf ein vorbereitetes Backblech legen. Im auf 175 °C vorgeheizten Backofen in ca. 10 Minuten hell backen.

Für den Teig:
250 g Mehl
200 g kalte Butter
125 g Haselnüsse (halb gehackt, halb gemahlen)
80 g Zucker
1 Päckchen Vanillezucker
1 Ei
1 Prise Salz

Außerdem:
ca. 3 EL Kakaopulver zum Wälzen

Lebkuchen-Mascarpone-Torte

Für den Biskuit:
4 Eier
200 g Zucker
1 Päckchen Vanillezucker
150 g Mehl
50 g Speisestärke
1 Päckchen Backpulver

Für die Creme:
250 g Mascarpone
100 g Joghurt
50 g Zucker
1 TL Lebkuchengewürz
1 TL Zimt
600 ml Sahne, steif geschlagen
150 g Lebkuchen, zerbröselt

Außerdem:
100 g Zartbitter-Schokolade
100 g Marzipanrohmasse
geschlagene Sahne, Schokoladenmandeln und Lebkuchenbrösel zum Verzieren

Für den Teig die Eier mit 3 Esslöffeln Wasser verquirlen und mit Zucker und Vanillezucker so lange schlagen, bis eine helle Creme entstanden ist. Mehl mit Speisestärke und Backpulver mischen und nach und nach einarbeiten. Dann den Biskuit in eine vorbereitete Springform von 28 Zentimetern Durchmesser füllen und im auf 160 °C vorgeheizten Backofen ca. 30 Minuten backen. Herausnehmen, abkühlen lassen und einmal waagerecht durchschneiden.
Die Zartbitter-Schokolade über einem heißen Wasserbad schmelzen und den unteren Boden damit einstreichen. Abkühlen lassen und anschließend mit der Schokoladenseite nach unten auf eine Tortenplatte legen. Die Marzipanrohmasse in passender Größe ausrollen und auf den unteren Biskuit legen. Einen Tortenring mit Backpapier auskleiden und um den Boden legen.
Für die Creme alle Zutaten verrühren. Zwei Drittel der Masse auf den unteren Tortenboden streichen, den zweiten Boden auflegen und darauf die restliche Masse glatt streichen.
Tortenring und Backpapier entfernen und die Torte weihnachtlich mit Sahnetuffs, Schokoladenmandeln und Lebkuchenbröseln verzieren. Bis zum Servieren kalt stellen.

Himmlischer Gewürzkuchen

Für den Rührteig:
2 Äpfel
100 g zarte Haferflocken
4 Eier
340 g Zucker
225 ml neutrales Öl
200 g Mehl (Type 550)
1 gestr. TL Backpulver
1 gestr. TL Natron
1 Prise Salz
80 g gehackte Mandeln
6–8 EL Gewürzmischung

Für die Gewürzmischung:
abgeriebene Schale
von 1 unbehandelten Orange
1 Vanilleschote
2–3 Zimtstangen
1–2 Sternanise
4 Stück getrocknete
Ingwerwurzel
¼ Muskatnuss
12 Nelken
½ TL Piment
4–5 Pfefferkörner, bunt
1 TL Anissamen
1 TL Kardamomkapseln
1 TL Koriander, ganz
1 TL Muskatblüte (Macis)
250 g Rohrzucker, braun

Außerdem:
Puderzucker zum Bestäuben

Für die Gewürzmischung am Vortag die Orangenschale abreiben und über Nacht zum Trocknen stehen lassen. Am nächsten Tag alle Zutaten in einem Küchenmixer fein mahlen.
Für den Teig die Äpfel schälen, vom Kerngehäuse befreien und fein reiben. Die Haferflocken im Mixer fein zerkleinern. Die Eier mit dem Zucker schaumig schlagen. Das Öl nach und nach dazugeben. Mehl, Backpulver, Natron und Salz mischen und vorsichtig unterrühren. Dann Mandeln, geriebene Äpfel, die Haferflocken und nach Geschmack 6–8 Esslöffel von der Gewürzmischung unterheben. Den Teig in die vorbereitete Fettpfanne des Backofens geben. Im auf 170 °C vorgeheizten Ofen ca. 40–50 Minuten backen. Herausnehmen, abkühlen lassen und mit Puderzucker bestäuben.

Tipp:

Der Gewürzkuchen schmeckt am besten, wenn er 1–2 Tage durchziehen konnte. Sie können ihn entweder einfach in quadratische Stücke schneiden oder, wie auf dem Bild, beliebige Formen aus dem fertigen Kuchen ausstechen.
Die restliche Gewürzmischung kann in einer gut schließenden Dose einige Wochen aufbewahrt und für jede Art von weihnachtlichen Gerichten verwendet werden.

Christstollen-Schnitte

Für den Rührteig:
8 Eier
250 g weiche Butter
250 g Zucker
1 EL Rum
1 Prise Salz
70 g gehackte Haselnüsse
375 g Mehl
3 TL Backpulver
abgeriebene Schale von
1 unbehandelten Orange
1 TL Zimt
je ½ TL gemahlene Nelken,
Muskatnuss und Kardamom

Für die Creme:
1 l kalte Sahne
1 Päckchen Sahnesteif
2 Päckchen Vanillezucker
8 Blatt Gelatine
1 Päckchen Orangeat
1 Päckchen Zitronat
125 g Korinthen
100 g gehackte Mandeln

Für den Teig die Eier trennen. Butter und Zucker schaumig rühren. Eigelbe, Rum und Salz einarbeiten. Haselnüsse, Mehl, Backpulver, Orangenschale und Gewürze mischen und nach und nach unterrühren. Den Teig auf ein vorbereitetes Backblech streichen und im auf 180 °C vorgeheizten Backofen 20–30 Minuten backen. Herausnehmen und abkühlen lassen.
Für die Creme die Sahne mit Sahnesteif und Vanillezucker steif schlagen. Etwas davon für die Dekoration beiseitestellen. Die Gelatineblätter nach Packungsanweisung in kaltem Wasser einweichen, auflösen und unterheben. Vom Orangeat etwa 1 Teelöffel beiseitestellen, den Rest mit Zitronat und Korinthen zur Sahne geben. Die gehackten Mandeln in einer Pfanne ohne Fett leicht rösten und abkühlen lassen. Davon die Hälfte unterheben. Die Sahnemasse auf dem Kuchen verstreichen. Mit gehackten Mandeln bestreuen und mit Sahnetupfen und dem verbliebenen Orangeat verzieren. Den Kuchen vor dem Anschneiden für mindestens 1 Stunde kalt stellen.

Schokoladen-Sahne-Torte

Für den Biskuit:
5 Eier
200 g Zucker
200 g Mehl
1 TL Backpulver

Für die Schokoladensahne:
1 l Sahne
400 g dunkle Kuvertüre

Für die helle Creme:
400 ml Sahne
500 g Mascarpone
1 Päckchen Vanillesauce (ohne Kochen)
50 g dunkle Schokoladenraspel

Außerdem:
Schokoraspel und Schokodekor mit weihnachtlichen Motiven zum Verzieren

Am Vortag für die Schokoladensahne die Sahne steif schlagen. Die Kuvertüre über einem heißen Wasserbad schmelzen, etwas abkühlen lassen und mit der Sahne mischen. Die Creme über Nacht kalt stellen.
Am nächsten Tag für den Biskuit Eier und Zucker cremig schlagen. Mehl und Backpulver mischen und unterziehen. Den Teig in eine vorbereitete Springform von 28 Zentimetern Durchmesser füllen und im auf 150 °C vorgeheizten Backofen 30 Minuten backen. Herausnehmen und auf einem Kuchengitter abkühlen lassen.
Für die helle Creme die Sahne schlagen. Mascarpone, Saucenpulver und Schokoladenraspel unterrühren.
Die Schokosahne aus dem Kühlschrank nehmen und noch einmal aufschlagen.
Den Biskuitboden zweimal waagerecht durchschneiden. Den untersten Boden mit der hellen Creme bestreichen. Den mittleren Boden aufsetzen und die Hälfte der Schokoladensahne darauf verteilen. Den letzten Boden aufsetzen und die Torte rundum mit der restlichen Schokosahne bestreichen. Einen kleinen Teil abzweigen, in einen Spritzbeutel füllen und die Torte mit Tupfen verzieren. Mit Schokoraspeln und Schokodekor dekorieren.

Elisenlebkuchen

Für den Teig:
300 g brauner Zucker
250 g gemahlene Mandeln
250 g gemahlene Haselnüsse
100 g Zitronat, klein gehackt
40 g Orangeat, klein gehackt
6 Eier
2 TL Backpulver
2 TL Zimt
1 Prise gemahlene Nelken
1 Prise gemahlene Muskatnuss
12 g Lebkuchengewürz

Außerdem:
Backoblaten, 50 mm Durchmesser
50 g dunkle Kuvertüre

Für den Teig Zucker, Mandeln, Nüsse, Zitronat und Orangeat in eine Schüssel geben. Die Eier einzeln unterrühren. Backpulver und Gewürze mischen und unterheben. Die Masse auf Backoblaten streichen und auf ein Backblech legen. Im auf 170 °C vorgeheizten Backofen 15 Minuten backen. Abkühlen lassen. Die Kuvertüre über einem heißen Wasserbad schmelzen und die Lebkuchen damit bestreichen.

Tipp:

Wenn Sie ein Stück Apfelschale mit in die Dose geben, bleiben die Lebkuchen weich.

Oma Annegrets festliche Nusstorte

Die Eier trennen. Die Eiweiße steif schlagen. Die Eigelbe und den Zucker nach und nach unterrühren. Nüsse und Semmelbrösel ebenfalls unterheben. Den Teig in eine vorbereitete Springform von 28 Zentimetern Durchmesser füllen und im auf 160 °C vorgeheizten Backofen ca. 20 Minuten backen. Herausnehmen und abkühlen lassen. Die Sahne steif schlagen. Etwas davon für die Dekoration beiseitestellen. Den Tortenboden einmal waagerecht durchschneiden. Den unteren Boden mit dem Quittengelee und der Hälfte der Sahne bestreichen. Den zweiten Tortenboden auflegen und die Torte rundum mit der restlichen Sahne bestreichen. Die Marzipanplatte vorsichtig obenauf legen und an den Seiten etwas andrücken. Die Sahne für die Dekoration in einen Spritzbeutel mit kleiner Sterntülle füllen und die Torte damit verzieren. Mit Haselnüssen oder Walnusshälften dekorieren und bis zum Verzehr kalt stellen.

Tipp:

Das Rezept für diese Torte bekam Annegret Rahe in den Fünfzigerjahren des letzten Jahrhunderts von der Großmutter der Familie, bei der sie ihre Ausbildung zur Hauswirtschafterin machte. Es ist über 100 Jahre alt!
Bis heute erfreut die Torte Familie und Gäste vom Hof Viehbrook.

Für den Biskuit:
8 Eier
250 g Zucker
150 g gehackte oder gemahlene Nüsse (Hasel- oder Walnüsse)
200 g Semmelbrösel

Für die Füllung:
1 l Sahne
1 Glas Quittengelee (ca. 300 g)

Außerdem:
1 Marzipandecke (Fertigprodukt)
Hasel- oder Walnüsse zum Verzieren

Zimtsterne mit Marzipan

Für den Teig:
4 Eiweiß
1 Prise Salz
350 g feinster Zucker
150 g ungeschälte gemahlene Mandeln
100 g ungeschälte gehackte Mandeln
125 g Marzipanrohmasse
1 TL Zimt

Für den Guss:
1 Eiweiß
185 g Puderzucker

Außerdem:
Puderzucker zum Ausrollen

Für den Teig die Eiweiße mit dem Salz zu steifem Schnee schlagen. Den Zucker nach und nach einrieseln lassen. Mandeln, Marzipan und Zimt in einer Schüssel verkneten. Den Eischnee einarbeiten. Das Eiweiß für den Guss ebenfalls zu Schnee schlagen und den Puderzucker nach und nach unterrühren.
Die Arbeitsfläche mit Puderzucker bestäuben und die Masse darauf 6–8 Millimeter dick ausrollen. Mit dem Guss bestreichen und dicht an dicht Sterne ausstechen. Auf ein vorbereitetes Backblech legen und im auf 170 °C vorgeheizten Backofen ca. 12 Minuten backen. Herausnehmen und vor dem Herunterheben vom Blech noch etwas trocknen lassen.

Mohn-Preiselbeer-Torte

Für den Rührteig:
5 Eier
200 g Zucker
200 g Mehl
150 g Mohn
2 TL Backpulver

Außerdem:
1 l Sahne
200 g Preiselbeerkonfitüre
1 Marzipandecke (Fertigprodukt)
Kakaopulver zum Bestäuben
Schokoladenmandeln zum Verzieren

Für den Teig die Eier mit dem Zucker schaumig rühren. Das Mehl mit Mohn und Backpulver mischen und nach und nach einarbeiten. Dann den Teig in eine vorbereitete Springform von 28 Zentimetern Durchmesser füllen und im auf 160 °C vorgeheizten Backofen ca. 50 Minuten backen. Herausnehmen, aus der Form lösen und abkühlen lassen. Den Teigboden zweimal waagerecht durchschneiden.
Die Sahne steif schlagen und etwas davon für die Dekoration beiseitestellen. Den unteren Boden mit Preiselbeerkonfitüre bestreichen, auf eine Platte setzen und mit einem Tortenring umschließen. Etwa ein Drittel der Sahne auf dem Boden verteilen und den mittleren Boden aufsetzen. Ebenfalls mit einem Drittel Sahne füllen. Mit dem letzten Boden abdecken, den Tortenring abnehmen und die Torte rundum mit der verbliebenen Sahne bestreichen. Die Marzipandecke vorsichtig obenauf legen. Die Torte mit Sahnetupfen verzieren und mit Kakao bestäuben. Schokomandeln in die Sahnetupfen setzen.

Berliner Brot

Für den Teig die Eier mit 2 Esslöffeln Wasser cremig schlagen. Zucker und Honig unterrühren. Mehl, Backpulver, Kakao und Gewürze mischen und nach und nach einarbeiten. Zum Schluss die geraspelte Kuvertüre, Nüsse oder Mandeln und den Rum unterrühren.
Den Teig ca. 2 Zentimeter dick auf ein vorbereitetes Backblech streichen und im auf 190 °C vorgeheizten Backofen 20 Minuten backen. Für den Guss den Puderzucker mit Rum, Zitronensaft oder Wasser verrühren und nach dem Backen zügig auf dem Teigboden verstreichen. Das noch warme Berliner Brot in gleichmäßige Stücke von ca. 3 Zentimetern Kantenlänge schneiden.

Für den Teig:
2 Eier
250 g brauner Zucker
70 g Honig (ersatzweise Apfel- oder Rübenkraut)
250 g Mehl
1 Päckchen Backpulver
2 EL Kakao
1 EL Zimt
1 Msp. Piment
100 g Vollmilch-Kuvertüre, grob geraspelt
185 g ganze Haselnüsse oder Mandeln
2 EL Rum

Für den Guss:
50 g Puderzucker
2 EL Rum, Zitronensaft oder Wasser

Feine Butter-Spekulatius

Für den Teig:
120 g kalte Butter
250 g Mehl
75 g Zucker
75 g brauner Zucker
25 g gemahlene Mandeln
1 Päckchen Vanillezucker
1 Ei
1 TL Zimt
1 Msp. gemahlene Nelken
1 Msp. gemahlener Kardamom
1 Msp. gemahlener Koriander
1 Prise Salz

Am Vortag die Butter in Stückchen schneiden und alle Zutaten schnell zu einem glatten Teig verkneten. In Klarsichtfolie wickeln und über Nacht kalt stellen.
Am nächsten Tag die Hälfte des Teiges noch einmal kurz durchkneten. Dann ausrollen und beliebige Formen ausstechen oder mit Modeln ausformen. Die Plätzchen auf ein vorbereitetes Backblech legen und im auf 180 °C vorgeheizten Backofen 10–12 Minuten backen. Mit der zweiten Hälfte ebenso verfahren.

Tipp:

Statt der genannten Gewürze kann auch fertiges Spekulatiusgewürz verwendet werden.
Wenn Sie Spekulatius-Model verwenden möchten, bestäuben Sie diese mit Mehl und drücken Sie eine kleine Portion Teig hinein. Dann entlang der Oberfläche der Model den überstehenden Teig mit einem Messer abschneiden. Die Plätzchen aus der Form klopfen und auf ein Backblech legen.

Frau Rohdes Adventstorte

Für den Rührteig:
200 g weiche Butter
150 g Zucker
1 Päckchen Vanillezucker
1 Fläschchen Butter-Vanille-Aroma
1 Päckchen Orangenschale (Orange Back)
1 TL Zimt
je $1/2$ TL gemahlene Nelken und Kardamom
6 Eier
250 g Mehl
1 gestr. EL Kakao
1 Päckchen Backpulver
75 g dunkle Kuvertüre

Für die Füllung:
100 g Rosinen
100 g getrocknete Aprikosen
$1/8$ l Glühwein, Rotwein oder Orangensaft
6 Blatt Gelatine
2 EL Zitronensaft
ca. 800 ml Sahne
25 g Zucker
1 Päckchen Vanillezucker

Außerdem:
Kakaopulver und gehackte Aprikosen zum Verzieren

Am Vortag für die Füllung Rosinen und Aprikosen fein hacken und in Glühwein, Rotwein oder Orangensaft über Nacht einweichen lassen.
Am nächsten Tag für den Teig die Butter mit Zucker, Vanillezucker, Aroma und Gewürzen schaumig schlagen. Die Eier nacheinander zugeben. Mehl, Kakao und Backpulver mischen und nach und nach unter den Teig rühren. Die Kuvertüre nach Packungsanweisung über einem heißen Wasserbad schmelzen und zum Schluss unterziehen. Den Teig in eine vorbereitete Springform von 28 Zentimetern Durchmesser füllen und im auf 160 °C vorgeheizten Backofen ca. 25 Minuten backen. Herausnehmen und auf einem Kuchengitter abkühlen lassen.
Für die Füllung die Gelatine in kaltem Wasser einweichen. Zitronensaft mit 2 Esslöffeln Wasser in einem Töpfchen aufkochen lassen, vom Herd nehmen und die gut ausgedrückten Gelatineblätter nacheinander einrühren, bis sie sich vollständig aufgelöst haben. Die Sahne mit Zucker und Vanillezucker steif schlagen, die ausgedrückte Gelatine unterheben. Ein Drittel von der Sahne abnehmen, unter den Rest die eingeweichten Rosinen und Aprikosen heben.
Den Teigboden zweimal waagerecht durchschneiden. Zwei Böden mit je der Hälfte der Sahnemischung bestreichen und zusammensetzen.
Die Torte ringsum mit der Sahne ohne Früchte bestreichen. Mit Kakao bestäuben und mit Aprikosenstückchen verzieren. Sie können auch Schablonen aus Pappe schneiden und die Torte mit weihnachtlichen Motiven aus Kakao bestäuben.

Eisenbahnschienen und Engelsaugen

Für den Teig:
375 g Mehl
250 g kalte Butter
125 g Zucker
1 Prise Salz

Außerdem:
ca. 200 g Johannisbeergelee
etwas verquirltes Eigelb
Hagelzucker zum Bestreuen

Für den Teig das Mehl mit der in Stückchen geschnittenen Butter, Zucker und Salz verkneten. In Klarsichtfolie wickeln und für 30 Minuten kalt stellen.
Für Eisenbahnschienen den Teig auf bemehlter Arbeitsfläche ca. 3 Millimeter dick ausrollen und in Streifen von 10 Zentimetern Breite schneiden. Diese auf ein vorbereitetes Backblech legen und die Seiten jeweils 2 Zentimeter breit nach innen einschlagen. Den frei gebliebenen Streifen mit Johannisbeergelee füllen. Dafür das Gelee leicht erwärmen und in einen Gefrierbeutel füllen. Eine kleine Ecke abschneiden und die Tüte wie einen Spritzbeutel verwenden. Die Teigränder mit Hagelzucker bestreuen.
Für Engelsaugen kleine Kugeln aus dem Teig formen, aufs Blech setzen, mit dem Finger oder einem Kochlöffelstiel eine Kuhle hineindrücken und wie oben mit Johannisbeergelee füllen.
Die Plätzchen im auf 175 °C vorgeheizten Backofen in 15–20 Minuten goldbraun backen. Herausnehmen und abkühlen lassen. Die Schienen dann in schmale Streifen schneiden.

Tipp:

Der Teig ist identisch mit dem für die Nussecken. Sie können die doppelte Menge zubereiten und je zur Hälfte für die beiden Rezepte verwenden.

Glühweintorte mit Kirschen

Für den Biskuit:
4 Eier
1 Prise Salz
150 g Zucker
150 g Mehl
1 TL Backpulver

Für die Füllung:
1 Glas Kirschen (750 ml)
¹/₄ l Glühwein
2 EL Zucker
1 Päckchen Vanillezucker
¹/₂ Päckchen Vanille-Puddingpulver

Außerdem:
600 ml Sahne
1 Päckchen Vanillezucker
Krokant zum Verzieren

Für die Füllung die Kirschen abtropfen lassen. 12 Kirschen zum Verzieren beiseitelegen. Den Glühwein mit Zucker und Vanillezucker zum Kochen bringen. Das Vanille-Puddingpulver mit 3–4 Esslöffeln Kirschsaft verquirlen. In den heißen Glühwein rühren, noch einmal aufkochen lassen, vom Herd nehmen und die Kirschen unterheben.
Für den Teig die Eier trennen. Die Eiweiße mit 4 Esslöffeln Wasser und dem Salz steif schlagen. Den Zucker und die Eigelbe nach und nach unterrühren. Mehl mit Backpulver mischen und unterheben. Den Teig in eine vorbereitete Springform von 26 Zentimetern Durchmesser streichen. Im auf 160 °C vorgeheizten Backofen ca. 25 Minuten backen. Herausnehmen und abkühlen lassen.
Die Sahne mit dem Vanillezucker steif schlagen. Den Tortenboden zweimal waagerecht durchteilen. Den unteren Boden mit einem Tortenring umschließen. Die Kirschmasse darauf verteilen und mit einem Drittel der Sahne bestreichen. Den zweiten Boden auflegen und darauf ein weiteres Drittel Sahne verteilen. Mit dem letzten Boden abschließen. Etwas von der verbliebenen Sahne in einen Spritzbeutel mit Sterntülle füllen. Die Torte rundum mit der restlichen Sahne bestreichen und mit Sahnetupfen, beiseitegelegten Kirschen und Krokant verzieren. Vor dem Anschneiden kühl stellen.

Zarte Vanillekipferl

Für den Teig:
250 g Mehl
1 Päckchen Backpulver
195 g kalte Butter
100 g gemahlene Mandeln
100 g Zucker
2 Päckchen Vanillezucker

Außerdem:
1 Päckchen Vanillezucker und
50 g Puderzucker zum Wälzen

Für den Teig das Mehl mit dem Backpulver mischen. Die Butter in Stückchen schneiden und alle Zutaten zügig verkneten. Den Teig zu Rollen von ca. 2 Zentimetern Durchmesser formen, in Klarsichtfolie wickeln und für 2 Stunden kalt stellen. Danach die Rollen einzeln entnehmen, 2 Zentimeter breite Stücke davon abschneiden und zwischen den Handflächen hin- und herrollen, bis beide Enden spitz zulaufen. Die Kipferl auf ein vorbereitetes Backblech legen und dabei zu Hörnchen biegen. Im auf 180 °C vorgeheizten Backofen 12–15 Minuten backen, bis sie leicht gebräunt sind, dann herausnehmen.
Vanillezucker und Puderzucker mischen und die noch heißen Kipferl darin wälzen. Zum Abkühlen auf Teller legen. Mit dem restlichen Teig ebenso verfahren, bis er aufgebraucht ist.

Husarenbusserl

Butter, Mehl, Zucker, Nüsse, Eigelb, Vanillezucker und Salz zügig zu einem glatten Teig verarbeiten und in zwei Portionen teilen. Diese zu Rollen von ca. 3 Zentimetern Durchmesser formen, in Klarsichtfolie wickeln und für 2 Stunden kalt stellen. Danach die erste Rolle herausnehmen, in ca. 1 Zentimeter dicke Scheiben schneiden und diese zu Kugeln formen. Die Kugeln auf ein vorbereitetes Backblech setzen und mit einem Kochlöffelstiel Vertiefungen hineindrücken. Im auf 200 °C vorgeheizten Backofen ca. 12 Minuten backen. Herausnehmen und leicht abkühlen lassen. Mit dem verbliebenen Teig ebenso verfahren.
Das Johannisbeergelee leicht erwärmen und in ein Kännchen oder einen Spritzbeutel geben.
Die Vertiefungen der Plätzchen mit Gelee füllen.
Die Husarenplätzchen sofort mit Puderzucker bestäuben (er wird vom Gelee aufgenommen und ist darauf dann nicht mehr sichtbar) und vor dem Verpacken in Dosen trocknen lassen.

Tipp:

Für eine leckere Variante die noch nicht vollständig abgekühlten Husarenplätzchen mit Schokolade füllen und mit Krokant bestreuen.

Für den Teig:
140 g kalte Butter
250 g Mehl
95 g Zucker
65 g gemahlene Haselnüsse
1 Eigelb
1 Päckchen Vanillezucker
1 Prise Salz

Außerdem:
Johannisbeergelee
Puderzucker zum Bestäuben

Nusstorte mit Zimtsternen

Die Eier mit dem Amaretto verquirlen und mit dem Zucker cremig rühren. Mehl, Backpulver, Zimt und Haselnüsse mischen und unterrühren. Den Teig in eine vorbereitete Springform von 28 Zentimetern Durchmesser füllen und im auf 160 °C vorgeheizten Backofen ca. 25 Minuten backen. Herausnehmen, abkühlen lassen und den Boden einmal waagerecht durchschneiden. Die Schokolade über einem heißen Wasserbad schmelzen und den unteren Boden damit bestreichen. Erstarren lassen und den Boden mit der Schokoladenseite nach unten auf eine Tortenplatte setzen. Einen Tortenring mit Backpapier auskleiden und um den Biskuitboden legen. Für die Füllung die Sahne steif schlagen und mit Haselnuss-Sirup aromatisieren. Etwas davon abzweigen, in einen Spritzbeutel mit Sterntülle füllen und beiseitelegen. Die Torte mit der Hälfte der Sahne füllen. Den zweiten Boden auflegen. Den Tortenring abnehmen und die Torte oben und außen mit der restlichen Sahne bestreichen. Die Marzipanrohmasse auf Tortengröße ausrollen und obenauf legen und die Sahne rundum noch einmal glatt streichen. Mit einem Tortenteiler 12 Stücke vorzeichnen. Mit Sahnetupfen, gehobelten Haselnüssen und Zimtsternen verzieren.

Für den Biskuit:
4 Eier
4 EL Amaretto (ersatzweise Wasser)
120 g Zucker
100 g Mehl
½ Päckchen Backpulver
½ TL Zimt
100 g gemahlene Haselnüsse

Für die Füllung:
1 l Sahne
Haselnuss-Sirup nach Belieben

Außerdem:
100 g Zartbitterschokolade
100 g Marzipanrohmasse
12 Zimtsterne (Rezept S. 44)
gehobelte Haselnüsse

Gefüllte Walnuss-Nugat-Taler

Für den Teig alle Zutaten gründlich miteinander verkneten und zu einer Rolle von 4 Zentimetern Durchmesser formen. In Klarsichtfolie wickeln und für 30 Minuten kalt stellen. Danach die Rolle in ca. 4 Millimeter dicke Scheiben schneiden, diese auf ein vorbereitetes Backblech legen und im auf 180 °C vorgeheizten Backofen 10–12 Minuten backen. Herausnehmen und etwas abkühlen lassen.
Nuss-Nugat in Stücke schneiden und über einem heißen Wasserbad schmelzen. Ebenso die Kuvertüre. Je 2 Plätzchen mit etwas Nugat zusammensetzen. Einen kleinen Klecks geschmolzene Schokolade obenauf tupfen und mit 1 Walnusshälfte verzieren.

Für den Teig:
170 g Mehl
100 g gemahlene Walnüsse
100 g Zucker
100 g Butter
abgeriebene Schale von ½ Zitrone

Außerdem:
1 Päckchen Nuss-Nugat
50 g dunkle Kuvertüre
Walnusshälften zum Verzieren

Nugat-Quark-Stollen

Nugat grob würfeln und kalt stellen. Für den Teig die Butter mit Quark und Zucker verrühren. Eier und Nüsse zugeben. Das Mehl mit Backpulver und Lebkuchengewürz mischen und nach und nach einarbeiten.
Den Teig zu einem Quadrat von ca. 40 Zentimetern Seitenlänge ausrollen. Die Nugatwürfel darauf verteilen. Die Teigplatte vorsichtig aufrollen und auf ein vorbereitetes Backblech legen. Den Stollen im auf 200 °C vorgeheizten Backofen ca. 50 Minuten backen. Herausnehmen und noch warm mit geschmolzener Butter bestreichen und mit Puderzucker bestäuben.

Für den Quarkteig:
200 g Nuss-Nugat
200 g weiche Butter
250 g Magerquark
100 g Zucker
2 Eier
100 g gemahlene Haselnüsse
500 g Mehl
1 Päckchen Backpulver
1 TL Lebkuchengewürz

Außerdem:
50 g Butter zum Bestreichen
2–3 EL Puderzucker zum Bestäuben

Schwarz-Weiß-Gebäck

Für den Teig:
600 g Mehl
300 g kalte Butter
200 g Zucker
1 Prise Salz
2 Eier
2 Päckchen Vanillezucker

Außerdem:
4-5 EL Kakao

Die Zutaten für den Teig gut miteinander verkneten. Die Menge halbieren und unter eine Hälfte den Kakao mischen. Beide Teigsorten zur Kugel formen, in Klarsichtfolie wickeln und für ca. 30 Minuten kalt stellen.
Jeweils eine Portion hellen und dunklen Teig auf bemehlter Arbeitsfläche ca. 3 Millimeter dick ausrollen (den verbleibenden Teig wieder kalt stellen). Figuren ausstechen und auf ein vorbereitetes Backblech legen. Jetzt mit kleinen Ausstechern Motive aus den Plätzchen stechen und jeweils ein dunkles mit einem hellen austauschen, bis alle Plätzchen zweifarbig sind. Dabei evtl. leicht andrücken. Im auf 180 °C vorgeheizten Backofen 10–12 Minuten backen. Mit dem restlichen Teig ebenso verfahren, bis er ganz aufgebraucht ist.

Tipp:

Für Schnecken: hellen und dunklen Teig übereinander ausrollen, zum Rechteck schneiden und aufrollen. In Folie wickeln, im Eisfach kalt stellen, in Scheiben schneiden und backen.
Für Schachbrettmuster: 2 dunkle und 2 helle Teigrollen von je ca. 1 Zentimeter Durchmesser formen und abwechselnd zusammenlegen. Eine dunkle und eine helle unten, eine helle und eine dunkle darüber. Mit je einer Schicht dunklem und hellem Teig ummanteln. Die Rolle auf der Arbeitsfläche eckig drücken. Ebenfalls kalt stellen, dann in Scheiben schneiden und backen.

Sternfruchttorte mit Kokos-Mango-Füllung

Für den Mürbeteig:
120 g Mehl
60 g kalte Butter
50 g Zucker
1 kleines Ei

Für den Biskuit:
4 Eier
200 g Zucker
1 Päckchen Vanillezucker
150 g Mehl
50 g Speisestärke
1 Päckchen Backpulver

Für die Füllung:
10 Blatt weiße Gelatine
1 Mango
400 ml Kokosmilch
50 g Karamellsirup
250 g Joghurt
600 ml Sahne

Außerdem:
4 EL Quittengelee
1–2 Sternfrüchte (Karambolen)
200 ml Orangensaft, mit Tortenguss angedickt
100 g Kokosraspel, ohne Fett geröstet

Für den Mürbeteig die Zutaten verkneten, in Klarsichtfolie wickeln und für 20 Minuten kalt stellen. Anschließend eine vorbereitete Springform damit auslegen und im auf 180 °C vorgeheizten Backofen 10 Minuten backen.

Für den Biskuit die Eier mit 3 Esslöffeln Wasser verquirlen und mit Zucker und Vanillezucker cremig rühren. Mehl, Speisestärke und Backpulver mischen und unterheben. In eine vorbereitete Springform füllen und im auf 160 °C vorgeheizten Backofen 30 Minuten backen. Danach einmal waagerecht durchschneiden. Einen Boden für spätere Torten einfrieren.

Für die Füllung Gelatine in kaltem Wasser einweichen. Mango schälen, entsteinen und würfeln. Mit Kokosmilch und Sirup aufkochen lassen und durch ein Sieb streichen. Gelatine ausdrücken und die Blätter einzeln ins heiße Mus rühren, bis sie ganz aufgelöst sind. Joghurt unterrühren. Sahne steif schlagen und unter die abgekühlte Masse heben.

Den Mürbeteigboden mit Quittengelee bestreichen. Den Biskuitboden auflegen. Einen Tortenring mit Backpapier auskleiden und umlegen. Sternfrüchte in dünne Scheiben schneiden und den Rand damit umstellen. Die Mangocreme einfüllen, dabei die Oberfläche wellig gestalten. Für 3 Stunden kalt stellen. Dann den Tortenring entfernen und das Backpapier vorsichtig abziehen. Die Torte mit angedicktem Orangensaft und gerösteten Kokosraspeln verzieren.

Marzipan-Heidesand

Für den Teig:
165 g Puderzucker
350 g Butter
100 g Marzipanrohmasse
500 g Mehl
1 Prise Salz
1 Päckchen Vanillezucker

Die Zutaten für den Teig gut miteinander verkneten. Dann zu Rollen von ca. 4 Zentimetern Durchmesser formen, in Klarsichtfolie wickeln und für 1 Stunde kalt stellen. Danach von den Rollen ca. 3 Millimeter dicke Scheiben abschneiden und auf ein vorbereitetes Backblech legen. Die Plätzchen im auf 200 °C vorgeheizten Backofen ca. 12 Minuten backen.

Café „Hof Alte Zeiten"

Rezepte S. 15, 33, 63, 71
Frauke und Norbert Koop
Hauptstraße 28, 23923 Schattin
E-Mail: koop@reetdachurlaub.de
www.hof-alte-zeiten.de

Café zur Linde

Rezepte S. 9, 13, 29, 44, 72
Bettina Dirkwinkel
Kirchplatz 8, 33449 Langenberg
E-Mail: info@cafe-zur-linde.de
www.cafe-zur-linde.de

Hof Hawig

Rezepte S. 34, 36, 68
Mechthild Hawig
Weseler Straße 645, 45721 Haltern am See
E-Mail: landhof-hawig@t-online.de
www.landhof-hawig.de

Hof Sickenberg

Rezepte S. 18, 20, 41, 65
Kristina Bauer
Sickenberg 9, 37318 Asbach Sickenberg
E-Mail: info@hof-sickenberg.de
www.hof-sickenberg.de

Hof Viehbrook

Rezepte S. 16, 43, 56, 67
Kirsten Voß
Viehbrooker Weg 6, 24619 Rendswühren
E-Mail: info@hof-viehbrook.de
www.hof-viehbrook.de

Hof Wortmann

Rezepte S. 49, 51, 59, 61
Martin Wortmann und Angelika Schnitger
Telgter Straße 29, 48167 Münster-Wolbeck
E-Mail: info@hof-wortmann.de

Kunsthof Gloriana

Rezepte S. 47
Gloria Goldsworthy
Bäckerstraße 3, 31039 Rheden-Wallenstedt
E-Mail: kunsthof.gloriana@t-online.de
www.kunsthof-gloriana.de

Rohdes Heuerhaus

Rezepte S. 23, 27, 39, 53
Gerda Rohde
Suthaarstraße 10, 49597 Rieste
Telefon: 05464 5468
www.rohdes-heuerhaus.de

Mia's Backhaus

Rezepte S. 11, 24, 31, 55
Maria Koggenhorst und Ursula Bienias
Büren 20, 48712 Gescher
E-Mail: miasbackhaus@t-online.de
www.miasbackhaus.de

Verzeichnis der Rezepte

Kleingebäck

Weihnachtliche Kuchen, Stollen und Torten

ISBN 978-3-8094-4514-2

1. Auflage

Die Rezepte dieses Buches stammen aus dem Titel „Weihnachtsbackstube. Leckeres aus der Landküche", 2013 beim Verlag W. Hölker GmbH erschienen.

Fotos: Vanessa Jansen, Münster
Text, Layout und Satz: Christiane Leesker, Münster
Umschlaggestaltung: Atelier Versen, Bad Aibling
Herstellung: Elke Cramer
Projektleitung: Anja Halveland

Druck und Bindung: Mohn Media Mohndruck GmbH, Gütersloh
Printed in Germany

FSC www.fsc.org MIX Papier aus verantwortungsvollen Quellen FSC® C011124

Penguin Random House Verlagsgruppe FSC ® N001967